Meri Kalam Se

Par hain dil ki zubaan

Prerna Agarwal

BookLeaf Publishing

India | USA | UK

Made with ❤ on the BookLeaf Publishing Platform
www.bookleafpub.in
www.bookleafpub.com

Dedication

This book is dedicated to my Late Parents who taught me all the values, principles. My mom was a standing example of strength, endurance and love. My father taught us how to smile in all situations, how to respect everyone irrespective of
religion, caste, creed etc

Preface

This book contains musings of my heart and mind. Some of these are personally experienced emotions, few observed and rest heard or read.
Please do enjoy these poems and some of them have deeper meanings as well

Acknowledgements

My best friend and my spouse Raghav,
my sister Nidhi
my munchkins - my heartbeats - mere jeene ki wajah -
Meera and Mayura
My Family
My Friends

1. Garmi ki chutthi aur nani ka ghar

Woh naani ke ghar ka aangan ,
Jahan baarish mein bheega karte the,
Naana ji sarso ke tel se maalish kiya karte the,
Uske baad Peete the garam garam haldi doodh|

Roz subah tulsi ke patte gulkand bhar ke,
Hum khaate the ekdum khush hoke,
Naani ke haath ka garam garam naashta.
Aur phir khulta tha kahaniyon ka pitara,
Gher ke baith jaate the naani ko saara|

Dopahar ko khaate the swadisht khana,
Uske baad hota tha aangan main sona,
Shaam ko nani deti thi ek rupaiya ,
Dukaan le jaate the sabko bhaiya ,
Jholi bhar ke laate the goliyan toffee,
Aur phir peete the thandi thandi coffee|

Kabhi kabhi aata tha golgappe waala,

Khush ho ke jaata tha,
Khaali ho jaata tha uska saara puri pani,
Aisi pyaari thi meri naani|

Phool sabjiyan phal ugaane ka,
Unhe tha bahut shauk ,
Litchi ke ped, aam ki shaaka,
Angoor ki belein,
Hum latake the, phal toodte the,
Maali bhaiya se kitni khaayi daatein|

Raat ka khana khane ke baad
Aangan main baiththe the
Raat ki raani ki bheeni bheeeni khushboo
Se mahek utha tha poora mahool
Aaj bhi yaad aate hai woh pal
Jab jaate the naani ke ghar
Sunte the kisse poori raat bhar|

Meri kalam se - Prerna

2. Apna dhyaan rakhna

Mujhe apna dhyaan rakhna acha lagta hai
Apne saath samay bitana pasand hai |
Isliye nahi ki main apni sarvpriya hoon
Balki isliye ki main iske yogya hoon|
Main hi nahi balki har insaan
Ko apne baare main sochna chahiye|
Yeh ekdum hain uchit
Agar aisa karne par koi aapko swarthi bole
Aap unse ekdum ho jaye aparichit |

Meri kalam se - Prerna

3. Pehla pyaar pehli bewafai

Aaj phir yaad a gaye woh
Jinko humne pehli baar dil diya tha
Unhi se humne seekha tha pehli baar
Kya hote hain pyaar
Par khel dekhiye kismat ka
Unhi se humne seekha tha pehli baar yeh bhi
Ki dil kaise toda jaata hai

Aaj bhi alam wahi hain
Unki yaad aate hi
Pehle hum hanste hain khushi se
Aur thodi baad ro lete hain

Ek hi insaan nay humein
Itna kuch sikha diya
Ek ameer ladke ke liye
Mera gareeb Dil Tod diya

Yaad toh woh bhi karti hai humein
Warna hamari di hui

Neeli saari main
Tasveer na bhejti humein

5

Meri kalam se - Prerna

4. Hindu nav varsh - bhagwan ke darshan

Aaj bhagwan ke itne alokik huay darshan
Ki bus maze hi a Gaye
Aisa laga ki kuch toh ache karm kiye humne
Ki bhagwan ko hum bha gaye

Aankho main se nikle aanso
Par woh namkeen nahi meethe the
Aaj gam ki bajaye woh khushiyon se bhare huay the

Har jagah Mila charanamrit
Jisne bhujayi aatma ki pyaas
Aur mila prashad bhi aisa
Jisko khake hum ho gaye Dhanya bina paisa

Aisa laga Aaj hindu nav varsh par
Ishwar nay diya paigaam
Main aaj se dhyan rakhoonga
Tumhe milta rahain roti kapda makaan
Tumhare daman main rahegi sirf khushiyan

Har taraf khilengi kaliyan

Bus tum ache karan karte jaon
Har insaan main main hi dikhoonga tumhe
Main tumhara dhyaan rakhoonga
Tum bus yaad karte raho mujhe

Meri kalam se - Prerna

5. Sache dil se yaad

Kissi ko sache dil se yaad karo
Toh unko pata chal hi jaata hai
Yeh dil se dil ka taar hain na
Sandesh usse pahunch jaata hai
Ab chahe unhe hichki aaye
Yeah aankh fadfadaye
Hatheli bhi khujla Sakti hai
Yeah chhajje par kaua koyen koyen kare

Kitni baar hota hai yeh
Hum subah kissi ko yaad karte hai
Aur shaam ko unka paigam a jata hai
Dil khushi se bhar jata hai
Yeh sirf apno ke saath hi hota hai

Meri kalam se - Prerna

6. Cement ka neela dabba (Meerut 2025 incident par aadharit)

Bahut pyaar karta tha tumhe
Aur hamari pyaar ki nishaani ko
Tumhare liye chod diya tha mere apno ko
Ab lagta hai galti Kari thi
Tum par andha vishwas kar ke
Kya mila tumko mujhe maar kar
Meri nanhi pari ke sar se baap ka saaya nikalkar
Kya tha mera gunah
Mujhe abhi nahi pata
Bus itna jaanta hoon ki
Meri aatma roti hain ab
Mere maa baap meri beti ko dekh kar

Ab bus itna karo ki
Sudhar jao
Ek achi insaan banne ki koshish karo
Ek beti ek maa ka kirdaar nibhaoo

Meri beti meri pari ko ek achi zindagi do
Ma baap dono ka pyaar do
Usse pehle par itna bata do mujhe

Beti ko apna maanti ho kya?
Usse pyaar karti ho kya?

Meri kalam se - Prerna

7. Galtiya mitana

Bachpan main haath me de kar rabar
Galat aadat pad jaati hai
Ashuddhi hone par
Theek kari ja sakti hain
Hum is soch main rehte hai
Hoshiyar hona bhool jaate hai
Tab se hi Kyon nahi sikhate satark hona
Isliye bade hoke padta hai rona
Zindagi ki bhool pramad
Nahin ki ja sakti saaf
Bachpan se hi sikha dete toh
Dil ki na sunke , dimaag ka hi chalta raj

Meri kalam se - Prerna

8. Chai aur dosti

Nasha kya hota hai
Chai ke shaukeeno se poochiye
Neend bhagani hoh to chai
Neend aane ke liye chai
Sachi dosti kaise nibhani ho
Chai ke pyaali se poochiye
Sukh main chai
Dukh main chai
Chai na to dekhe hain rang
Na hi paise ka sang
Dhoop sardi baarish bijli
Sabme chai hain chalti
Kabhi na chodti saath
Desh main chai
Videsh main chai
Khush dil maange hai chai
Toota dil peeta jaye chai

Bacha se lekar bujarg
Sabki ek hi arzi rehti hai

Bus chai nahi rukni chahiye
Jab tak saanse chalti hai

13

Dosti bhi bilkul aisi hi hoti hain
Bachpan se lekar budhape tak
Pehli se lekar aakhri saans tak
Humein chahiye doston ka saath
Chahe din ho yah raat

So chai peete rahiye
Dosti nibhate jayiye

Meri kalam se - Prerna

9. Raat neend dil dimaag

Bahut der ho chuki hai
Suraj kab ka ast ho gaya hai
Chand ki roshni bhi kam ho rahi hai
Sitaron ka timtimana dheema ho chala hai
Mere dimag nay kaha
Chaliye so jaiye
Dil ko acha nahi laga yeh sujhaav
Bola kuch to lao badlaav
Mere armaan jaage huay hai
Ab ho raha hai poore din ki pratikriya ka ahsaas
Tum jage raho likhte raho
Main sab byaan karta hoon ahsaas
Aaj ek hi din main mujhe hua navrang ka abhaas

Har raat yehi hain pareshani
Dimag hai samajhdar aur dil dikhata hai nadaani

In dono ki ladai neend nahi hoti poori
Phir bhi reh jaati hai inki baatein adhoori

Is samasya ka koi hain hal
Toh humein bhi batayen
Pareshan rehte hai har pal
Koi nuska hum bhi le aajmayein

Meri kalam se - Prerna

10. Bano thos, drav ya gas

In this poem i am comparing human nature to three
States of matter. Solid liquid and gas. Hope you would
like

Kuch bade log bolte hai
Bano ekdum thos ki tarah
Jaha bhi jaon jiske saath bhi jao
Apna astitva apni pehchaan mat kho
Kuch log bolte hai bano drav ki tarah
Kissi bhi paristhiti main dhal jaata hai
Kuch bolte hai bano gas ki tarah
Kissi cheez se koi farak hi nahi padta
Kabhi kabhi bola jata hai
Kabhi bano thos
Kabhi bano drav
Kabhi bano gas
Shayad humein bhi arzi lagani padegi
Bahut saare mukhote rakhne ki apne paas
Shareer atma rahegi wahi
Par badalte jayenge ahsaas

Duniya ke taur tareeka bahut hain pechida
Hum kyon hamare jaise nahi reh sakte sada

Meri kalam se - Prerna

11. Bhagwan sada hamare saath?

Kabhi kabhi lagta hai aisa
Mera bhagwan mere pass hi khada hai
Mera haath pakad ke mujhe sahi raah dikha Raha hai
Main befikar ho jata hoon
Dimaag lagana band kar deta hoon
Aankhon par patti baandh kar unke saath chal deta hoon
Phir kha jaata hoon thokar achanak se
Aur bhagwan kahi nahi dikhte
Dimaag ke darwaze kholta hoon
Poochta hoon kyon vishwaas today mera
Bhagwan keh dete hai
Dimaag kaha hain tera
Main jab tak rahoonga saath tere
Tu nahin sikhega duniya ke raaste tede mede
Issiliye sikhaya tujhe sabak
Ab toh sudhar ja mere baalak

Sukh dukh main sab main hain bhagwan shaamil
Dukh main sikhata hain majboot banna

Dukh main dikhata hai apna paraya
Dukh ki wajah se sukh.ka hota hai ahsaas
Dukh main jo door the sukh main woh bhi a jaate hai
paas
Dukh matlab bhagwan le rahein hai pareeksha
Safal huay to hoti hai sukh se mulaqat
Zaroori Hain dono safalta bhi aur niriksha
Jaise daaya haath aur baaya haath

Meri kalam se - Prerna

12. Dosti ki lat

Dost Banna hai to aisa bano
Jo de woh sukoon
Jaise garmiyon main tarbooz
Sardiyon main dhoop
Baarish main chhata
Basant main phoolon ki sugandh
Dukh sukh main saath
Kabhi na chodna haath
Dosti ki lat aisi lagaon ki
Apka dost bole
Is lat ko main chodna hi nahi chahta
Jaise meri saansein waise mere dost
Jaise chai coffee waise mere dost
Inka na choodonga saath
Rahenge saath din aur Raat

Meri kalam se - Prerna

13. Hindu Muslim pyaar ishq

Kya bolo ab main unko
Thak gaya hoon bata bata ke dil ki baatein
Samajh nahin Rahi Hain woh
Ab na kate din na hi raatein
Mere liye tum ek dost hoon
Bas bol deti hain har baar
Aankhein hum bhi pad lete hain ache se
Pyaar karti hain, par darti hai zamane se
Insaan chaand par mangal par pahuch gaye hain
Phir bhi soch vichaar khyaal peeche hi ruk gaye hain
unke ma baap hamara parivar nahin manega
Hum hindu woh hain muslim
Yeh mail zamana kaha hone dega

Pyaar Ishq mohabbat
Yeh na toh dekhte majhab nahi jaat
Aankhon ko man ko jo bha jata hai
Ussi par yeh dil a jata hain
Kissi nay sach hi kaha hai

Yeh ishq nahi hain asaan
Par hum bhi thehre dheet insaan
Bolte rahenge roz unko
Kabhi toh samjhengi hamare ishq ko
Bol denge bus ab hum dono ki chalegi marzi
Jab miya biwi raazi toh kya karega kaazi

Meri kalam se - Prerna

14. Mera astitva?

Aaj kissi nay poocha
Kaun hon tum batao
Humne bahut socha
Ek beti hoon
Ek behen hoon
Ek dost hoon
Ek biwi hoon
Ek bahu hoon
Ek MA hoon
Aur aisi hi bahut saare
Kirdaar nibhati hoon
Phir unhone bola yeh sab theek hai
Par tum kaun ho
Tumhara astitva kya hai
Bahut socha
Phir bola
Ki main ek insaan hoon
Sharir se dakhi hui ek aatma hoon
Jo pehle bahut shudh har karti thi
Samaaj ke tarikoo ki wajah se

Pardooshit ho gayi hoon
Yeh sunke woh toh chal diye
Humein soch main daal diya
Ki Main akhir hoon kaun
Kya hain mera maksad is zindagi main
Kya hain mera astitva is dharti main

Kya Apko pata hai ?

Meri kalam se - Prerna

15. Tumne Dil tooda humne saansein chodi

Kasme waade nibhayenge hum tum
Roz dono yehi bolte the ek doosre ko
Bolte bolte kaise juda ho gaye
Kissi ko samajh nahi aaya
Wajah yeh thi ki ladki ladke ke liye bolti thi
Aur ladka ladki ke liye bolte bolte , samaaj ka dhyan bhi
karta tha
Usko lagta tha ki ladki ki jaati hai doosri
Uski iccha kabhi nahi hogi poori
Samaaj ko dekhna hai zaroori
Uski behen ki shaadi na ho jaye adhoori
Isliye usne us ladki ka dil tod diya
Usse akele rota hua chod diya
Socha kuch din main theek ho jayegi
Aise mere behen ki shaadi ho payegi
Usse kya pata tha yeh din dekhna padega
Jis din uth rahi uski behen ki doli
Wahan doosri taraf Ram Naam satya hai ki thi boli
Uski behen ka shringar hua tha lal jode main

Wahan shringar tha safed kafan main
Yehan ma baap ro rahain the vidaai main
Wahan aanson bahe rahain the judai main

Meri kalam se - Prerna

16. Saaton Janam ka saath

Roz milte hain hum chaar yaar
Aaj nahi gaye milne
Ek nay sandesh bheja
Mar gaye yeah zinda ho poocha
Doosre nay phone Kiya
Kya miya itne guroor kyo dikha rahe hon
Daftar main kaam hum bhi karte hai
Vyast hum bhi rehte hain
Par mitron se milna hamare liye hain khaas
Aur tum daalte nahin hoon ghaas
Aisi khari khoti sunai
Sab kaam chod kar chal diye milne
Door se hi dekhkar bajane lage taali
Pata tha humein padegi bahut gaali
Khair do chaar baatein sunli humne
Phir bata diya mahatvapoorn call thi
Isliye nahin a paye
Ek mitr bola "hoon Haan" hi toh bolna hota hai
Humse kya itna bhi na bola jaaye
Maang li humne maafi

Mitr bole yeh nahi hain kaafi
Chai pilao samose khilao
Uske baad sochenge
Agar man nahi bhara
Toh khilani padegi Paani puri
Hum hansne lage
Pagliya gaye ho kya
Ek dost nay poocha
Are nahi kitna pyaar karte hon humse
Yeh aaj pata chala
Saat Janam ki biwi mile na mile
Magar khuda dost dena sada

Meri kalam se - Prerna

17. Beti behen " paraya dhan"

Bhai nay ek baar khelte huay

Hansi mazaak main bol diya tha

Yeh ghar tera thodi hain

Paraya dhan hain tu kehke chida diya tha

Shaadi karke tu jayegi apne sasural

Tab main karoonga tere kamre ka woh haal

Shaddi ke baad usko bol diya gaya tha

Yeh hamara ghar hain

Hamare taur tareeke chalte hain

Mayeka ka sab bhool jao

Woh lagi yeh sochne

Badi ajeeb baat hai

Na toh mera koi Ghar

Na mere jazbaat ki kadar

20 saal se jo karti aayi hoon

Us ek shan main kaise bhula doon

20 saal se jis ghar thi rehti

Usse bhula kar
Ajnabeeyon ke saath kaise reh loon
Bada ajeeb riwaaz hain hum ladkiyon ke liye
Issiliye aajkal rehti hai shaadi bin kiye
Kuch toh badalna chahiye
6 mahine pati ke saath mayke main
Baaki samay sasural main rehna chahiye
Mayke main pati apna ghar bhool ke
Rahe patni ke tariko ke anusaar
Tabhi hoga bhala sansaar

Meri kalam se - Prerna

18. Kaamkaji auraton ki kahani, meri zubaani

Aaj woh daftar se der se aayi
Ghar main ho gayi ladai
Bina karan jaane usko kya kya bol diya gaya
Woh sunti rahi , par ab usse ab raha na gaya
Bag main se nikala kuch
Aur boli zara khol ke dekhiye
Sabse acha karamchari hone ka
Prize Mila hain mujhe aaj
Office main itni maanyata hain meri
Aur ghar main, main hoon naukrani
Kyon ek stree ke saath hoti hain nainsaafi
Ghar daftar sab sambhalti hain woh
Kya itna nahi hai kaafi
Ek din der se aayi toh kya
Ek din der se uthi toh kya
Ek din bahar se khana mangaya toh kya
Ek din thak gayi toh kya
Woh bhi insaan hain
Machine nahi

Are insaan tum, machine ko samay samay par check
karate hoon
Aurat se bhi pooch liya karo
Thak gayi hon kya
Araam chahiye kya
Nahin Banna Hain usko madam super naari
Yeh auhade ki wajah se hain woh haari
Seedhi si jeene hain usko zindagi
Jisme nahi hon beizzati

Meri kalam se - Prerna

19. Bachpan ki kami

Kuch hafte pehle
Bacho ki ek party main
Humne dekha ek bacha
Baitha tha akele kone main
Hum dekh rahain the usko
Woh apni duniya main khoyi hui thi
Koi mujhe bhi khelne ke liye bulayega
Is soch main doobi hui thi
Hum Gaye uske paas
Poocha jao khelo beti
Woh boli aunty
Par main kissi ko nahi jaanti
Humne uska naam poocha
Apni beti ko bulaya
Dono saath main khelon
Bolke hum chale aayein
Baad main dekha dono
Bache haath pakad ke hamari taraf aayein
Dhanyawad aunty
Yeh meri pakki saheli hain boli

Meri dono aankhein roli
Kaash kuch barson pehle
Kissi aunty nay hamare saath bhi aisa kiya hota
Toh aaj yeh dil pyaar ka itna mohtaaj na hota

Meri kalam se - Prerna

20. Do betiyon ka pariwaar

Aaj ek bujurg insaan nay humse poocha
Beta vivaah ho gaya apka
Hum bole ji ho gaya
Phir pooche bache hain
Hum bole ji do betiya hain
Uhh woh bole
Ek beta kar lo parivaar poora ho jayega
Hum bole ji woh kaise
Agar hamare do bete hote toh
Kya aap bolte ki
Beta ek beti karlo, parivar poora ho jayega
Woh ekdum chup
Samaj ki soch bahut hain choti
Socho apni bahu ko kya sunate honge khari khoti
Phir yehi log bolte hain ki
Talaak toh fashion ban gaya hai
Ladkiyon ko kyon sunna hai
Hum pade likhe hai, azaad hai
Hum hamare bacho ke liye misaal hai
Kyon dukhi rahe kyon roye in aankhon se aanson ki

dhara
Jab alag hoke badiya ho sakta hai sansaar hamara

36

Meri kalam se - Prerna

21. Daulat = khushi?

Mere dost khuda se daulat ki gujahir mat karna
Maangna hai to khushiyan ki kar gujarish
Apni aur apne apno ke liye
Paisa sab kuch nahi hota, mat kar durkwast
Agar hota to mehlon se kabhi na aati
Rone ki awaaz

Meri kalam se - Prerna

22. Samay ki dukaan?

Aaj socha ki nayi shuruat karenge
Uthhe hi bhagwan ka naam lenge
2-3 doston se baat karenge
Araam se nashta karenge
Baag main ghoomenge
Taazi hawa ki saans lenge
Phool ki khushboo soonghenge
Araam se baithenge
Phir yaad aaya ki yeh sab karne ke liye
Ek beshkeemti cheez ka hona jaroori hai
Woh nahin toh har asha adhoori hai
Nahi nahi woh Paisa nahi hai
Woh hain SAMAY jo kissi ke pass nahi hai
Kahan chala jaata hai waqt
Subah se raat nahi hai fursat

Kahin hain par samay bikta hain to batana
Kuch fursat ke pal hum bhi khareed lenge
Apno ke saath kuch haseen pal hum bhi beeta lenge

23. Apna naam

Apni pehchan apna naam itna mazboot banao ki
Agar khuda khud bole is insaan main khot hain
Phir bhi logon ko sandeh ho ki
Lagta hai is baar bhagwan ko bhi galatfahmi hui hai

Meri kalam se - Prerna

24. Zinda??

Aaj poocha kissine
Aap zinda hoon kya
Bahut soch ke hamne bola
Hmmm Haan zinda hoon
Woh prashan karne lage
Itna soch vichar ke uttar kyon Diya
Hum hans ke bole are miya
Bahar se zinda hain
Andar se mar chuke hain
Sukh dukh garmi sardi
Sab hain ek samaan ab
Kissi main bhi nahi dikhta humein rab
Duniya ki duniya waalo ki
Thokarein dokhe kha kha ke
Aisa haal ho gaya ki
Ache bure main fark nahin lagta
Sharir se zinda hoon magar rooh se kabke
Mar hain chuke

Meri kalam se - Prerna